NOTE

relative à la

CRÉATION PROJETÉE D'UN PORT

A L'ILE DE LA RÉUNION

PARIS

IMPRIMERIE JULES-JUTEAU ET FILS, RUE SAINT-DENIS, 341

—

1867

NOTE

relative à la

CRÉATION PROJETÉE D'UN PORT

A L'ILE DE LA RÉUNION

PARIS

IMPRIMERIE JULES-JUTEAU ET FILS, RUE SAINT-DENIS, 341

1867

NOTE

Relative à la création projetée d'un port
à l'Ile de la Réunion

Pendant que l'île Maurice a vu sa prospérité s'accroître d'année en année depuis vingt ans, sa voisine, l'île de la Réunion, a marché dans le sens contraire.

Une crise financière, dont le terme et les effets désastreux ne sauraient être encore justement prévus, sévit en ce moment dans le sein de la Colonie française; son commerce et son agriculture se débattent au milieu des plus sérieux embarras ; les industries secondaires chôment ou se meurent faute d'aliment, et, par suite, les finances coloniales se trouvent en désarroi.

Ce triste état de choses a pris sa source uniquement de l'absence à la Réunion de tout port ou lieu de refuge pour les navires

Prodigue de ses dons envers Maurice, la nature a pourvu cette île de nombreux hâvres d'un accès facile et offrant un abri sûr ; avare envers la Réunion, elle n'a laissé sur ses côtes qu'un seul point abordable et sur lequel elle a voulu que la main de l'homme accomplît l'œuvre sans laquelle la Colonie ne peut exister : le port indispensable aux nombreux bâtiments dont la venue est nécessaire pour apporter des denrées alimentaires et emporter en échange les produits du sol.

Partout, sauf sur un seul point, les côtes de la Réunion n'offrent aux navires que des mouillages dangereux, qu'ils doivent quitter pour prendre la haute mer toutes les fois que les tempêtes, fréquentes dans ces parages, les menacent d'un naufrage certain.

Combien de malheureux bâtiments, surpris par l'ouragan ou

le raz-de-marée sur les rades de la Réunion, ont-ils été jetés à la côte sans pouvoir éviter une perte complète ?

Combien, après avoir pu prendre le large, ont été engloutis avec leurs équipages entiers, sans que jamais l'Océan ait rendu compte de leur désastre ?

Combien, après avoir subi des dommages considérables, ont dû se considérer heureux d'atteindre le port de la colonie anglaise de Maurice pour y réparer leurs avaries ?

Combien, faute de trouver à Maurice des moyens pécuniaires convenables pour se réparer, ont dû y être abandonnés et vendus ?

A toutes ces questions, les annales de l'administration de la marine, les armateurs métropolitains et les compagnies d'assurance peuvent fournir de bien tristes réponses (1).

Faut-il que la France assiste encore longtemps à un spectacle pareil ?

Faut-il que l'humanité, l'administration, le commerce maritime et tous les intérêts qui en ont souffert jusqu'ici, voient se continuer longtemps encore un aussi déplorable état de choses?

En un mot, faudra-t-il que l'île de la Réunion se voie toujours privée du port qui doit, à lui seul, satisfaire à tant de besoins divers.

Je ne le pense pas; j'oserais même affirmer que non, car je crois pouvoir compter que l'appui nécessaire ne me manquera pas, pour doter la Réunion d'un lieu de refuge et d'abri pour les navires appelés sur ses côtes.

---

(1) On pourrait composer plusieurs volumes avec la seule énumération des naufrages qui ont eu lieu depuis cinquante ans sur les côtes et dans le voisinage de la Réunion, par suite uniquement du manque de port dans cette Colonie.

On construirait plusieurs ports immenses avec la somme énorme des réparations que, faute d'un port à la Réunion, les navires français ont été, depuis cinquante ans, forcés d'aller faire à Maurice, colonie anglaise voisine, que nous enrichissons ainsi au détriment des intérêts et du pavillon français.

On armerait une escadre avec les marins que la France a perdus depuis cinquante ans, engloutis par les ouragans près de la Réunion, et cela faute d'un port dans cette Colonie !

J'ai dit que la nature a, sur un seul point des rivages de cette grande île, tracé les premiers éléments d'un port. C'est de la baie de Saint-Paul que j'ai voulu parler.

Partout ailleurs qu'à Saint-Paul, la côte abrupte est constamment battue par les lames souvent furieuses; partout ailleurs qu'à Saint-Paul la nature du fond se refuse, par son instabilité et sa *dureté*, à recevoir et conserver à leur place les assises indispensables à la construction de jetées ou môles, soit en maçonnérie, soit en pilotis.

Seule, la baie de Saint-Paul présente un rivage de sable ; et son fond, qui s'étend en pente très douce vers le large, est composé de matières très pénétrables, quoique d'une tenue parfaite.

Placée sous le vent de l'île, à l'abri des grandes brises qui tourmentent toujours les autres rades, la baie de Saint-Paul présente presque toujours une mer calme et tranquille, et offre le meilleur accès que l'on puisse désirer à un port.

La supériorité de la baie de Saint-Paul pour la création de bassins pour les navires et d'établissements de radoub, est aujourd'hui constatée d'une façon irréfutable.

Ainsi, les divers commandants en chef de la station navale ont, depuis assez longtemps, adopté cette baie pour lieu de séjour et de ralliement des navires placés sous leurs ordres.

M. le capitaine de frégate Bridet, après avoir été pendant longtemps Capitaine et Directeur des ports à la Réunion, a déclaré que, « *dans son opinion, si jamais on faisait un port central à la Réunion, c'était à Saint-Paul qu'il devait être fait.* »

Enfin, j'ai entre mes mains les attestations de *cent quatre-vingt-treize* capitaines au long cours qui, commandant des navires du commerce sur les rades de la Réunion, ont affirmé *que la rade de Saint-Paul est la seule où un port puisse être créé.*

Après ce que je viens de dire, on doit être porté à se demander comment il peut se faire que ces avantages réels, offerts par la baie de Saint-Paul, n'aient pas été mis à profit jusqu'à présent. On a sans doute entendu parler d'un commencement de port entrepris à Saint-Pierre, et on doit se demander pourquoi l'Administration, qui a elle-même ordonné et fait exécuter cette entreprise, a préféré la rade de Saint-Pierre à celle de Saint-Paul ?

Répondre à cette question, éclaircir ces doutes comme il conviendrait et comme je n'aurais aucun embarras à le faire; m'entraînerait peut-être plus loin que ne le permettrait la patience de mes lecteurs.

Que leur importerait, en effet, de savoir par quel enchaînement de conceptions et de combinaisons adroites, l'influence de quelques personnages haut placés a réussi à aveugler l'administration coloniale, au point de monopoliser en faveur de Saint-Pierre toute idée de port possible à la Réunion.

Il est de ces questions qu'il vaut mieux quelquefois ne pas soumettre à l'analyse, et de ces voiles que l'opinion publique sait déchirer toute seule.

Je me bornerai à établir ici qu'après avoir fait commencer un port à Saint-Pierre, pendant que l'on refusait à la commune de Saint-Paul l'autorisation d'en commencer un chez elle ; après avoir dépensé une somme de *sept millions de francs;* après douze années de travail et de sacrifices demandés au trésor colonial, l'administration a voulu, enfin, s'éclairer et savoir jusqu'où durerait l'attente de la Colonie, impatiente de voir enfin le port achevé.

Des Commissions officielles et, après elles, Monsieur le Directeur de l'Intérieur de la Réunion, ont adressé au gouvernement en Conseil Privé, qui les a approuvés le 20 septembre 1865, des rapports dont les conclusions ont été, notamment :

Que la rade de Saint-Pierre est la plus mauvaise de la Colonie.

Que le port de Saint-Pierre ne peut être ni un port de refuge, ni un port militaire, ni un port central pour le commerce maritime de la Colonie.

Par suite de ces rapports et comme conséquence naturelle des opinions qu'ils renfermaient, l'Administration locale a décidé qu'elle ne continuerait pas plus longtemps les travaux commencés et que l'achèvement de l'entreprise serait laissé à l'initiative privée d'une compagnie quelconque.

Est-il besoin de beaucoup réfléchir pour comprendre qu'aucune compagnie ne sera assez folle, assez ignorante de ses intérêts, pour oser enfouir de nouveaux capitaux dans une entreprise à laquelle l'administration a renoncé après y avoir dépensé, sans aucun résultat, sept millions et douze bonnes années ?

Je ne le crois pas; et je me crois autorisé à dire que le port de Saint-Pierre est désormais rayé du chapitre des espérances que nourrissent, depuis si longtemps, les habitants de la Réunion et, avec eux, tout ceux qu'intéresse la création d'un port dans cette Colonie.

Il faut donc recourir à la baie de Saint-Paul et à ses avantages naturels, trop longtemps ignorés, ou sciemment méconnus.

Dans la guerre de clocher à laquelle le choix du site pour la création d'un port a donné lieu à la Réunion, on a souvent fait aux habitants de Saint-Paul une objection qui a malheureusement prévalu dans la discussion. On a prétendu que la baie de Saint-Paul était le théâtre de mouvements de sables tellement considérables, qu'il était impossible de songer à entretenir libre d'obstructions toute entrée de port sur les rives de cette baie.

La connaissance que j'avais de la localité, l'exagération évidente des assertions que j'entendais mettre en avant, m'avaient toujours fait penser, depuis que je me trouvais à la Réunion, que ces mouvements de sables, si souvent opposés à toute idée de port à Saint-Paul, pouvaient bien n'être autre chose qu'une erreur habilement accréditée par les amis de Saint-Pierre, et incomplétement, — pour ne pas dire jamais, — vérifiée par ceux qu'aucune partialité ne devait diriger dans une question d'intérêt général (1).

(1) J'ose avancer que *jamais* aucune étude bien sérieuse n'a été faite à Saint-Paul. M. BONNIN, ingénieur en chef des ponts et chaussées, envoyé à la Réunion en

Je puis, aujourd'hui, pièces en mains, constater après des études minutieuses, attentives, et dont les résultats sont palpables, faire bonne justice de cette grande objection. Je puis démontrer que jamais il n'a existé dans la baie de Saint-Paul aucune de ces montagnes chimériques, au moyen desquelles on a prétendu *ensabler* toute entrée de port dans cette baie.

Mais, encore ici, je n'abuserai pas de la patience du lecteur.

Persuadé de la possibilité de créer un port dans la baie de Saint-Paul, et d'en entretenir facilement l'entrée libre de toute obstruction ou ensablement, j'ai entrepris de faire exécuter cette entreprise par une compagnie privée.

Muni de tous les renseignements les plus authentiques, quant aux mouvements maritimes et commerciaux de la localité elle-même et de celles qui, étant rapprochées d'elles, pourront apporter au port créé des éléments nouveaux d'opération, j'ai examiné les résultats financiers que peut produire l'entreprise dès son début, sans escompter ceux que l'avenir pourra lui réserver.

Ces résultats se résument en un revenu net, annuel, de 400,000 francs au moins.

Partant de cette base, j'ai conclu que l'œuvre à créer ne devait pas coûter, pour être profitable, plus de *quatre millions de francs*.

Des devis approximatifs, que j'ai d'abord faits moi-même, il est résulté, pour moi et pour quelques personnes qui ont bien voulu en principe s'associer à mes projets, que le coût de l'entreprise pourrait ne pas dépasser *trois millions cinq cent mille francs*.

1856 pour y étudier la question d'un port, a trouvé le port de Saint-Pierre commencé et il a *dû* le continuer quand même. La Baie de Saint-Paul avait attiré son attention mais il n'a jamais pu, paraît-il, y faire des études complètes. Je cite un fait qui le prouve. Le service des ponts et chaussées m'a prêté dernièrement à Saint-Paul, pour faire les études de mon projet, un appareil de sondage que M. BONNIN avait fait apporter là en 1857 et qui n'a jamais servi qu'à moi.

Je pourrais citer nombre de faits du même genre, pour prouver que *jamais* l'Administration n'a été bien renseignée quant à la possibilité de faire un port à Saint-Paul.

Des raisons qu'il est inutile d'énumérer ici m'avaient toujours fait penser qu'il serait plus facile et plus avantageux pour la Colonie, en vue de ses relations futures, de s'adresser aux capitaux anglais pour l'exécution de l'entreprise.

Des ingénieurs anglais ont donc été appelés à faire, sur les lieux, des études pratiques et consciencieuses, afin de reconnaître sérieusement la possibilité ou l'impossibilité d'exécuter l'œuvre que je croyais et prétendais exécutable.

Ces ingénieurs, hommes habiles et expérimentés en pareille matière, ont examiné attentivement la nature et la composition des lieux; se sont livrés aux examens les plus attentifs; et, après des calculs minutieux et détaillés, basés sur les données les plus exactes, ils ont fait un rapport, en ma possession, dont les conclusions sont les suivantes :

1° Qu'aucune difficulté matérielle ne s'oppose à l'exécution de l'œuvre projetée ;

2° Que l'objection, si souvent faite, des ensablements de la baie de Saint-Paul ne saurait être raisonnablement opposée à l'exécution de l'entreprise, ces ensablements étant d'une importance insignifiante ;

3° Que le coût de l'œuvre projetée, exécutée suivant les plans et dans les conditions indiqués dans le rapport et y annexés, ne doit pas s'élever à plus de *cent cinquante-six mille livres sterling* (soit 3,900,000 francs).

4° Que les travaux peuvent être terminés en deux années du jour de leur commencement, et que le port, ainsi créé, pourra contenir de 25 à 30 navires d'un tonnage moyen de 500 tonneaux de jauge.

Sur les demandes que j'en ai faites, le gouvernement de la Réunion, après examen par une commission officielle, a conclu en faveur des concessions à me faire, pendant quatre-vingt-dix-neuf ans, pour la création du port projeté :

1° D'un terrain appartenant au domaine public sur le lieu choisi pour la création ;

2° D'un privilége pour l'ouverture ou l'exploitation de tout port ou bassin de radoub, pour les navires du commerce sur les rives de la baie de Saint-Paul;

3° D'un droit de tonnage à percevoir sur tous navires entrant dans le port créé, et du droit de débarquement et embarquement sur toutes les cargaisons desdits navires.

Toutes ces concessions qui garantiront à la compagnie créatrice du port, les revenus que j'ai calculés et rappelés ci-dessus.

Pour que la Colonie de la Réunion et tous les intérêts publics et privés qui sont, directement ou indirectement, intéressés à la création d'un port dans cette Colonie, recueillent promptement les fruits de l'initiative que j'ai prise et des efforts que j'ai déjà faits, avec l'aide de ceux qui se sont associés à mes projets, il me reste encore à faire beaucoup.

J'espère pouvoir compter, pour arriver au but que je me suis proposé, sur l'appui bienveillant du Gouvernement de l'Empereur, auquel je ne demande que la ratification des concessions accordées en principe par le gouvernement colonial.

Que cette bienveillance qui ne se dément jamais, quand il s'agit d'aider au progrès du commerce et de la navigation et de venir en aide aux entreprises utiles sorties de l'initiative privée, soit assurée à mes projets, alors les capitaux auxquels je ferai appel, ne manqueront pas de répondre et de venir coopérer à une création, dont les résultats certains seront pour eux une belle indemnité.

C. W. SALIZ

Paris, 20 *Janvier* 1867

Typ. Jules-Juteau et Cie, r. St-Denis, 341. Paris.